BEI GRIN MACHT SICH IHR WISSEN BEZAHLT

- Wir veröffentlichen Ihre Hausarbeit, Bachelor- und Masterarbeit

- Ihr eigenes eBook und Buch - weltweit in allen wichtigen Shops

- Verdienen Sie an jedem Verkauf

Jetzt bei www.GRIN.com hochladen und kostenlos publizieren

Einstellungsänderung durch Werbung und ihre Messung

Eloy Veit

Bibliografische Information der Deutschen Nationalbibliothek:

Die Deutsche Nationalbibliothek verzeichnet diese Publikation in der Deutschen Nationalbibliografie; detaillierte bibliografische Daten sind im Internet über http://dnb.d-nb.de abrufbar.

ISBN: 9783346760012
Dieses Buch ist auch als E-Book erhältlich.

Druck und Bindung: Books on Demand GmbH, Norderstedt Germany
Gedruckt auf säurefreiem Papier aus verantwortungsvollen Quellen

Das vorliegende Werk wurde sorgfältig erarbeitet. Dennoch übernehmen Autoren und Verlag für die Richtigkeit von Angaben, Hinweisen, Links und Ratschlägen sowie eventuelle Druckfehler keine Haftung.

Das Buch bei GRIN: https://www.grin.com/document/1293665

Hausarbeit

Bearbeitung des Themenkataloges

Alternative: B

Einstellungsänderung durch Werbung

Modul: Markt- und Werbepsychologie- (Vertiefung
II) Studiengang: Wirtschaftspsychologie

Abgabe am: 7. 11. 2020

von

Eloy Benjamin Veit

Studiengang: Wirtschaftspsychologie

Abkürzungsverzeichnis

a. a. O.	am angegebenen Ort
Abb.	Abbildung
Aufl.	Auflage
Bd.	Band
Bsp.	Beispiel
bsph.	Beispielshalber
Bspw.	Beispielsweise
Bd.	Bände
bzw.	Beziehungsweise
def.	Definition
Diss.	Dissertation
ebd.	ebenda
et al.	und andere
ges. A. aus.	Gesamtanzahl ausgelieferter
gem.i.	gemeint ist
gem.s.	gemeint sind
Hrsg.	Herausgeber
i.d.R.	in der Regel
vgl.	vergleiche
ggf.	gegebenen falls
z.b.	Zum Beispiel
QMS	Qualität Management System
resp.	Respektive, Beziehungsweise
R.i.p.	rest in peace
U.a	unter anderem
u.z.	und zwar
v.a.	vor allem
Z.b.	zum Beispiel

Abbildungsverzeichnis

Tabellenverzeichnis

I. Problemstellung

In den letzten Jahren hat die Markt- und Werbepsychologie, im Kontext der Werbewirkungsforschung, einige Modelle zur Einstellungsherausbildung und -änderung entwickelt, welche im Fach als empirisch geprüft gelten. Sinn der Herausbildung und Änderung von Einstellungen besteht darin, diese wünschenswert zu Unternehmen, Produkten im weitesten Sinne (in the broadest sense), gem.i. jedwede materielle oder immaterielle Ware, welche mitunter dazu beiträgt, die zur Bedürfnisbefriedigung des Konsumenten benötigten Produkte, welche vermarktet werden, können zu diesen zählen mitunter folgende: „Dienstleistungen, Personen, Orte und Ideen" als Objekte der Kommunikationsarbeit einschließt zu lenken.[1] Problematisch ist, dass einmal bestehende

---

[1] Vgl. onpulson (2020), S. 1 1-2. Abs.

Einstellungen als Langzeit stabil gelten, d.h. diese sind sehr schwer zu beeinflussen. Da durch die extensiven Anstrengungen in diesem Forschungszweig in den letzten Jahren einige Modelle erarbeitet wurden, gilt es auch hier sich mit Bedacht zu nähern, verschiedene Forschungsansätze mit verschiedenen Erhebungsinstrumente sind genau so sehr zu berücksichtigen, wie die anschließende Evaluation der Daten durch Methoden, mit welchen der Erfolg einer strategisch angelegten Werbekampagne oder aber den Realnutzen in Kooperation mit z.b. Influencer bewertet.

II. Ziel der Arbeit

Erklärtes Ziel dieser Ausarbeitung ist es, dem Forschenden einen vertieften literaturgestützten Einblick in ausgewählte empirisch fundierte Modelle, zur Einstellungsherausbildung und- Änderung der Werbewirkungsforschung zu gewähren. Im Kern der Arbeit geht es um das Konstrukt der Einstellungen und die Möglichkeiten, welche im Rahmen der Konsumentenforschung gegeben sind, um nachhaltig messbare Einstellungsveränderungen zu garantieren. Ebenfalls wichtig ist es, dem Forschenden Möglichkeiten der Erfolgskontrolle zu offerieren, welche diesen in die Lage versetzen eben genannte Aspekte zu Kontrollieren und die evaluierten Aspekte damit in ökonomisch bzw. psychologisch messbare Variablen zu überführen. Zu Letzt muss es Sinn dieser Arbeit sein, das theoretisch fundierte Wissen der Form nach in einer praktischen Auseinandersetzung in einem ausgewählten Themenfeld zu integrieren z.b. in einer Werbekampagne.

III. Art des Vorgehens

Zu Beginn der Ausarbeitung steht der Theoretische Teil, welcher sich durch eine literaturgestützte Einführung den Fragen nach der Relevanz des Einstellungskonstrukts, jedoch auch der bestehenden Notwendigkeit beschäftigt- personenbezogene Einstellungen, mittels strategischer Kommunikationsarbeit durch Werbung, PR, Meinungsführer und Influencer- Marketing zu beeinflussen. Der Theoretische Teil beinhält ebenfalls, eine fundierte Definition der Begrifflichkeit (Einstellung). Im Praktischen Teil werden verschiedene Möglichkeiten dargestellt, wie direkte und indirekte Einstellungen erhoben werden können, hierfür werden verschiedene Operationalisierungstechniken angeführt. Ebenfalls im Praxisteil vorhanden ist die

Erläuterung von einem Einstellungsmodell oder einer Einstellungstheorie genauer beschrieben wird das Elaboration-Likelihood-modell (ELM) bzw. die Theorie der kognitiven Dissonanz. Zu Letzt wird im Diskussionsteil die praktische Anwendung der erörterten Modelle und Theorien anhand der Erstellung einer praxisnahen Werbekampagne mittels einer Diskussion angeführt. Die Ausarbeitung schließt mit einer Reflexion des gelernten ab.

2. Theoretischer Teil

2.1 Relevanz des (Werbe)-Einstellungskonstrukts im Kontext der Werbewirkungsforschung

Nach Trommsdorff sticht die Werbeeinstellungen aus der Fülle möglicher psychologischer Werbewirkungskriterien besonders heraus, Grund hierfür ist, dass die Werbe- (Einstellung), welche unten noch genauer differenziert wird, nicht nur im Rahmen der Theorie, sondern auch in Bezugnahme zur praxisnahen Anwendung im Rahmen der psychologischen Werbewirkungsforschung, eine übergeordnete Rolle einnimmt. In der Theoretischen Betrachtung gilt das Einstellungskonstrukt als besonders verhaltensprägend, wobei es jedoch auch durch die werbliche Kommunikation beeinflusst wird. Im Kontext von empirischen Analysen, bestehen einerseits große Bemühungen geeignete Konzeptionen und Messungen des Konstrukts zu gewährleisten, anderseits besteht ein großes Interesse den Einfluss des Konstrukts der Einstellung, vor dem Hintergrund der Erfolgskontrolle zu eruieren.[2] Hoffmann und Akbar bezeichnen Einstellung als ein zentrales Konstrukt in der Marketing- und Konsumentenverhaltensforschung. Es wird prinzipiell davon ausgegangen, dass Einstellungen einen starken Einfluss auf das (Konsum-) Verhalten ausüben. Dabei ist der Zusammenhang zwischen Einstellungen und Verhalten- nicht ganz einfach und eindeutig.[3] Schlichthorst verweist darauf, dass sich die Wichtigkeit der Werbeeinstellung innerhalb des Werbewirkungsprozesses vor allem darin reflektiert, dass dieses zu den meist untersuchten Phänomenen der Werbewirkungsforschung zählt.[4] Vor allem bei Vertretern der sog. Einstellungs- Verhaltens- Hypothese (-Seth-Modell, Fishbein-Modell,

---

[2] Vgl. Trommsdorff, V. (2002), S. 149
[3] Vgl. Hoffmann, S. Akbar, P. (2019), S.90
[4] Vgl. Schlichthorst, M. (2006), S. 15 nach Werner, G. (2008)

Rokeach-Modell und Trommsdorff-Modell)[5], tritt das Konstrukt der Einstellung unter bestimmten Randbedingungen an die Stelle, einer das Verhalten maßgeblich determinierenden (steuernden) Disposition.[6] Dechêne führt weiter aus, dass die Bezugsrichtungen von Einstellungen mitunter sehr vielseitig sind, er postuliert, dass sich im Zusammenhang mit der Verarbeitung beeinflussender Kommunikation ins besonders die markenbezogen Werbeeinstellung, sowie die Produkteinstellung als wirksame Prädiktoren für das Kaufverhalten erweisen.[7] Ebenfalls von Zentraler Bedeutung für die Werbeforschung ist es die Randbedingungen, unter welchen sich die beeinflussende Kommunikation, mit mehr oder weniger großem Erfolg, in den oben genannten Wirkungskriterien niederschlägt zu evaluieren, so Dechêne. Hierbei verweist er auf die in diesem Zusammengang diskutierte Rolle, welcher den unterschiedlichen Rezipienten Voraussetzung, hinsichtlich der zu verarbeitenden Tiefe derartiger Informationen, beim Werbemittelkontakt zukommt. Weiter unten im Text kommt es zur Erörterung eines etablierten Modells zur Informationsverarbeitung, dem Elaboration-Likelihood-Model (ELM), welches einen fundierten Erklärungsbeitrag einer Vielzahl an individuellen und situativen Faktoren für Prozesse der Informationsverarbeitung offeriert.[8]

2.2 Erörterung der Notwendigkeit Personenbezogene Einstellungen durch strategische Kommunikationsarbeit zu verändern am Beispiel von Werbung, PR und Influencer

Die Notwendigkeit Einstellungen von Konsumenten mittels (strategischer) Kommunikationsarbeit zu beeinflussen, ist nach Zech tiefgreifend mit dem Verständnis dessen verworren, was ein Forscher unter dem Begriff zivilisatorische Gesellschaftsordnung versteht. Zech führt aus, dass jede Gesellschaft, um überleben zu können, zunächst die Produktion und Reproduktion ihrer materiellen Lebensbedingungen zu sicher hat. Hierbei bezieht er sich auf Marx, welcher diesen Umstand als „Produktions des Lebens" resp. „doppeltes Verhältnis"- des eigenen Lebens in der Arbeit und des fremden in Zeugung postuliert.[9] Wichtig ist zu verstehen, dass der von ihm definierte Produktionsbegriff, som. eine doppelte Bedeutung bekommt, was diesem nach Hardt und Negri ermöglicht innerhalb seines Bezugsrahmens über eine rein wirschaftliche Sphäre hinaus zu gehen und som. nicht nur als ökonomische Angelegenheit zu verstehen ist.

---

[5] Vgl. Wirtschaftslexikon (2020), S.1 1.Abs.
[6] Vgl. Dechêne, C. F. (2006), S.44 nach Müller- Hagedorn, L. Schuckel, M. (2003) S. 106
[7] Vgl. ebd. (2006), S. 44 nach Mayer (1993), S. 270
[8] Vgl. ebd. (2006), S. 45
[9] Vgl. Zech, R. (2016), S. 36 nach Marx, K. (1969), S. 29-30

Draus resultiert nach ihnen, die Betrachtung in einem gesellschaftlichen Kontext (Gesellschaftliche Produktion). Dieser Begriff adaptiert Produktionsleistungen, welche nicht nur materielle Güter inkludiert, sondern sich auch auf die Produktion von Kommunikation, von Beziehungen und Lebensformen richtet und som. alle Facetten des gesellschaftlichen Lebens- auch den kulturellen Bereich im weitesten Sinne umfasst.[10] Die Entwicklung des Kapitalismus hat nach ihnen durch die zunehmende Automatisierung innerhalb der materiellen Produktion maßgeblich dazu beigetragen, dass a) Arbeitsprozesse informatisiert und b) mehr und mehr gesellschaftliche Kommunikationsprozesse ökonomisiert wurden bsp. Tinder! Hieraus ziehen sie die Konsequenz, dass die Arbeit in einem Wandlungsprozess befindet, welche die moderne Arbeit immer mehr mit der Kommunikation verschmilzt, bzw. zu dieser wird (Arbeitskommunikation). Der Begriff der Kommunikationsarbeit unterscheidet sich von dem der Arbeitskommunikation dadurch, dass die Kommunikationsarbeit nicht nur Koordinationsaufgaben verrichtet. Sondern sich Arbeit zunehmend in der Form von Kommunikation vollzieht. In diesem Kontext verweisen Hardt und Negri auf die wahrscheinlich älteste Form der Kommunikationsarbeit- der Predigt oder neueren Formen, wie dem Marketing, Journalismus, der Unterhaltung, dem Lehren und Unterrichten und im Rahmen dieser Ausarbeitung zu priorisierenden Form, der Werbung, PR und Influencer.[11] Wo Kommunikationsarbeit den Prozess der Verhaltensbeeinflussung beschreibt, da bieten gezielte Werbemaßnahmen ein geeignetes Instrument zur nachhaltigen Veränderung resp. der zielgerichteten Beeinflussung des individuellen Rezipienten Verhaltens. Nach Fichter liegt ein großer Teil der Faszination für Werbung in ihrer Dualität begründet, mit dieser Aussage bezieht er sich auf das breitgefächerte Anwendungsspektrum, welcher dieser zu Grunde liegt. Als Kunstform dient sie Designern, Texter und Strategien als Instrument um ihre Kreativität voll ausleben zu können. Natürlich ist die durch dieses Instrument hervorgebrachte Kunst nicht als Selbstzweck zu verstehen, sondern wird vor allem dazu adaptiert, um den Absatz zu fördern. Nicht immer bezieht sich die Absatzförderung auf ein Produkt, es gibt viele Bereich welche Be- und Umworben werden bsph. (Politik, Religion, Hilfsorganisationen, Verhaltensweisen (Das Tragen einer Maske im öffentlichen Raum). Bezogen auf den Aspekt, dass Werbung letztlich dazu dient, Einstellungen, Verhalten und Emotionen von Rezipienten zu beeinflussen und sie darüber hinaus auch noch die geeigneten Instrumente

---

[10] Vgl. ebd. (2016), S. 36 nach Hardt, M. Negri, A. (2004), S. 11
[11] Vgl. ebd. (2016), S. 36 nach Hardt, M. Negri, A. (2004), S. 128

für eine solche Verhaltensbeeinflussung offeriert u.z. indem sie Wahrnehmung, Denken (Kognition), Affekt (Emotion), gar selbst das Gedächtnis des Empfängers von Werbebotschaften untersucht, stellt die Werbepsychologie die wissenschaftliche Disziplin dar um Konsumenten zum Kauf zu bewegen, dies macht sie zur kontroversesten Disziplin der Wirtschaftspsychologie so Fichter.[12] In ihr liegt somit ein Potenzial, welches die Macht beinhält die Welt zu beeinflussen und in die Realität eines Individuums selbst einzuwirken. Dies behaftet sie mit einer ethisch- und ethnischen Komponente. Im Zentrum der jüngsten Ereignisse der Umverteilung von unten nach oben, verbunden mit einem ausdünnen der Mittleren Gesellschaftsschicht und der Marginalisierung der Schwächsten (Prekarisierung). Denn Realität ist eine Sache für sich und unterscheidet sich mitunter zu tiefst von einer verhältnismäßig gut balancierten Wirklichkeit bsph. balancieren der Einkommensspreizung. Im Rahmen dieser Ereignisse wird im ökonomischen Kontext auch oft vom Bedingungslosen Grundeinkommen gesprochen so Radermacher.[13] Hoffmann und Akbar sehen gerade in der klassischen Werbung zielführende Tendenzen, welche darauf ausgelegt sind Einstellungen zu ändern.[14] Der Begriff Public Relation (PR), zu Deutsch Öffentlichkeitsarbeit regelt nach Heller, durch strategische Kommunikation die Beziehungen einer Organisation mit der eigenen Zielgruppe. PR ist som. als das Management von Kommunikationsprozessen zwischen einer Organisation und ihrer Zielgruppe zuständig, nicht immer bezieht sich dieses auf den Konsumenten, auch Mitarbeiter, Lieferanten, Share- und Stakeholder finden Berücksichtigung.[15] Wo Werbung meist den kurzfristigen Verkauf von Produkten im weitesten Sinn ankurbeln soll, verfolgt PR langfristige Ziele, welche darauf ausgelegt sind bei den oben genannten Zielgruppen positive Affekte auszulösen und das Beziehungsverhalten zu managen. Die Notwendigkeit von PR zeigt sich mitunter darin, dass es fester Bestandteil bei der Führung eines Unternehmens ist und maßgeblich zum Unternehmenserfolg beiträgt.[16] Heller führt aus „Ein Unternehmen, das bekannt, ist, ein starkes Image hat und dem die Kunden Vertrauen, wird immer leichter seine Produkte verkaufen und hat einen höheren Unternehmenswert".[17] Der 1. Tab. Sind alle wesentlichen Einsatzgebiete resp. Instrumente der Öffentlichkeitsarbeit zu entnehmen.

---

[12] Vgl. Fichter, C. (2018), S. 100
[13] Vgl. Radermacher F. J. (2010), S. 2
[14] Hoffmann, S. Akbar, P. (2019), S.91
[15] Vgl. Heller, D. (2020), S.1. 1. Abs.
[16] Vgl. ebd. (2020), S.1. 2-3. Abs.
[17] Ebd. (2020), 4. Abs.

Einsatzfeld	Instrumente
Corporate Publishing	Print, Online und Crossmediale Publikationen (Website, Geschäftsberichte, Imagebroschüre, Flyer, Kunden und Nachbarschaftszeitschriften Blogs und Filme.
Dialogveranstaltungen	Tag der offenen Tür, Werksbesichtigungen/ Führungen Podiumsdiskussionen, Bürgerversammlungen, Messen.
Aktion, Sponsoring	Grundsteinlegung, Eröffnung, Spendenaufrufe, Ideelle/ Materielle Unterstützung von Projekten und Events.
Media Relations	Mitteilungen, Konferenzen, Interviews, Tweets, Hintergrundgespräche, Redaktionsbesuche, Reisen und Footage

1. Tab. Einsatzfelder und Instrumente der PR Quelle: Eigene Darstellung in Anlehnung an Medienstürmer S.1. 3. Abs.

Im Marketingdienlichen Kontext wird oft der aus der aus den Wirtschaftswissenschaften adaptierte Begriff der Multiplikatoren erwähnt, gemeint sind Personen, welche ein vielfältiges Netzwerk mit gut gepflegten Beziehungen aufrechterhalten. Durch ihre Kommunikationsarbeit streben Multiplikatoren danach, Teile der Welt mitzugestalten, so Seeger und Kost.[18] Die Notwendigkeit von Influencer fundiert sich nach Rühl darin, dass ein Großteil von Konsumenten eher auf persönliche Empfehlungen vertraut, als auf kommerzielle Werbeformate. In ihrer Funktion als Meinungsführer verfügen sie, falls Reichweite und Glaubwürdigkeit vorhanden, über ein gewisses Maß an Autorität resp. hohes soziales Ansehen, mit welchen sie ihr Umfeld beeinflussen, oft zielt die Kommunikationsarbeit der Influencer darauf ab subliminale Hinweisreize zu setzen um ein Produkt zu bewerben oder diesem gegenüber anderen Produkten einen nennenswerten Vorteil im Wettbewerb zu verschaffen.[19]

---

[18] Vgl. Seeger, C. Kost, J. (2018), S. 36-37
[19] Vgl. Rühl, D. (2016), S.1 2-3 Abs.

2.3 Determinanten des Einstellungskonstrukts im Kontext der Werbewirkungsforschung

Es ist darauf zu verweisen, dass es trotz zahlreichen Forschungsarbeiten der letzten Jahre bisher noch nicht gelungen ist, eine einheitliche Definition für dieses Konstrukt fest zu legen.[20] Mitunter ist dies durch die Schwierigkeit begründet, die durch die Fülle der Definitionen auftritt. Dennoch stimmen die meisten Definitionen i.d.R. darin überein, dass Einstellungen summarische Bewertungen sozialer Sachverhalte resp. „Objekte" (Personen, Institutionen, Probleme und Gegenstände) zu zählen sind. Eagly und Chaikan gelang es 1993 eine umfassende Definition des Konstruktes zu tätigen, so Spektrum.[21] In der Literatur wird Einstellung häufig als „learned predisposition to respond in a consistent evaluative manner toward an object or class of objects"[22] umschrieben, so Ostrom. Eagly und Chaiken beschreiben Einstellung als psychologische Tendenz, welche größtenteils durch soziale Lernprozesse, sowie den daraus resultierenden Erfahrungen welche sich darin äußern, dass eine Person Gegenstände wie Produkte im weitesten Sinn, Personen, Ideen, Marken, Unternehmen oder Verhaltensweisen, mehr oder weniger positiv bzw. negativ bewertet.[23] Trommsdorff und Teichert ergänzen die Definition um eine Wertekomponente, welche anders als (Werte) immer objekt- oder verhaltensbezogen ist. Darüber hinaus weisen sie darauf hin, dass Einstellungen im Laufe des Heranwachsens erlernt werden, jedoch aber auch eine biologische Komponente beinhalten, als zusätzliche Charakteristika sind Einstellungen relativ dauerhaft.[24] zusammengefasst sind Einstellungen als wertend, objektbezogen, gelernt, zeitlich stabil- gemeint damit ist dauerhaft zu charakterisierend. Nach Raab, Unger und Unger ist das Bild des Menschen, welches er von seiner Umwelt hat, durch eine Vielzahl von Erwartungshaltungen geprägt, welche gleichzeitig die Verhaltensweisen des Menschen in Form von Reaktionen, seine Umwelt beeinflussen. Dabei wird die Art und Weise, wie Reize der Umwelt wahrgenommen, sowie anschließend verarbeitet werden- maßgeblich von der eingenommenen Erwartungshaltung bestimmt. Diese eingenommene Erwartungshaltung in der Wahrnehmung wird von ihnen som. als Einstellung bezeichnet. Jedoch besteht durchaus die Möglichkeit, dass Wahrnehmungen die Erwartungshaltungen im Laufe der

---

[20] Vgl. Kramer, R. (2017), S. 62
[21] Vgl. Six, B. (2020), S.1 2. Abs.
[22] Ostrom, T. M. (1969), S. 12
[23] Vgl. Eagly, A. H. Chaiken, S. (1993), S. 1
[24] Vgl. Teichert, T. Trommsdorff, V. (2011), S. 126; Fischer, P. Jander, K. Krueger, J. (2018), 6. Kap. 3.2. Abs.

Zeit verändern.[25] Um diesen Prozess zu verdeutlichen, adaptieren Raab, Unger und Unger den Begriff der Hypothese, welchen sie in diesem Kontext, nicht als rein wissenschaftlichen Begrifflichkeit verstehen, sondern alle Annahmen oder Vermutungen einer Person gemeint sind, mit welcher diese ihre Umwelt aufrecht erhält. Von der Annahme ausgehend, dass Hypothesen einen Großteil unseres Wissens umfassen und dieses Wissen meist auf Vermutungen beruht gem.i. (Vermutungswissen). Folgern Raab et. al. daraus, dass Vermutungswissen die Wahrnehmung unmittelbar beeinflusst. Die sich hieraus ergebende Konsequenz ist, dass es Personen som. nicht möglich ist, unvoreingenommen wahr zu nehmen.[26] Sie führen weiter aus, dass Einstellungen als Erwartungshaltung in der Wahrnehmung zu verstehen sind – und dies wiederum führt dazu, dass Menschen dazu neigen, durch wahrgenommenes ihre Erwartungen tendenziell bestätigt zu sehen. Sie glauben also das wahrzunehmen, was sie erwarten. Dies ist solange fast uneingeschränkt gültig, bis das Wahrgenommene zu sehr von den Erwartungen abweicht so Raab et. al.[27] Die Mechanismen, welche in diesem Fall greifen ist Gegenstand der Theorie der kognitiven Dissonanz, welche weiter unten ausführlich erörtert wird.[28]

2.4 Konzeptualisierung des Einstellungskonstrukts mittels eines drei-Komponenten-Modells und er E-V Hypothese zur Identifikation Verhaltensbeeinflussender Moderator Variablen

Ein traditioneller und in der Marketingliteratur weit verbreiteter Ansatz um das Konstrukt der Einstellung zu Konzeptualisieren, welcher auch im deutschen Raum aufgegriffen wird ist nach Schiffman, Kanuk, und Wisenblit das Drei- Komponenten- Modell von Rosenberg und Hovland (1960).[29] Dieses Modell postuliert eine multivariate Zusammensetzung des Konstruktes der Einstellung durch die Komponenten kognitiv, affektiv und konativ, welche alle in Wechselwirkung Miteinander stehen, so Bagozzi und Burnkrant.[30] Die Kenntnisse über den Einstellungsgegenstand (Kognition), wirken zusammen mit den durch das Einstellungsobjekt verbundenen Gefühle (Affekte), auf die Absicht eines Individuums ein, auf einen bestimmten Gegenstand zu reagieren

---

[25] Vgl. Raab, G. Unger, A. Unger, F. (2018), S.71
[26] Vgl. Raab. G. Unger, A. Unger, F. (2016), S. 19-20
[27] Vgl. ebd. (2016), S. 20
[28] Vgl. ebd. (2016), S. 20
[29] Vgl. Schiffman, Kanuf, Wisenblit (2010), S. 249
[30] Vgl. Bagozzi, R. P. Burnkrant, R. E. (1979), S. 914

(Konation) und som. in einer resultierenden Handlung, Bspw. dem Kauf oder nicht Kauf eines Produktes im weitesten Sinnes münden.[31] Während die erkennende kognitive Komponente das gesammelte Wissen über das Einstellungsobjekt und die Gedanken, bezogen auf das Einstellungsobjekt umfasst, bezieht sich die bewertende affektive Komponente darauf, wie der Konsument das Einstellungsobjekt emotional bewertet. Dabei basiert die affektive Einstellung, sowohl auf den Prinzipien der klassischen (Kopplung eines positiven/negativen Reizes mit dem Einstellungsobjekt), als auch auf operanter Konditionierung (Belohnung einstellungskonsistenten bzw. Bestrafung einstellungsdiskrepanten Verhaltens). Die Verhaltens steuernde konative Komponente, entsteht aus dem Zusammenspiel der kognitiven- und affektiven Komponenten und bezieht sich auf einen besonders wichtigen Faktor im Zusammenhang mit dem Konsumentenverhalten- der Kaufbereitschaft.[32] Sie basiert auf der Beobachtung und Analyse des eigenen Verhaltens und kommt v.a. bei dem Konsumenten nicht bewussten Einstellungen zum Tragen. Nach Trommsdorff ist es wichtig zu verstehen, dass die drei Komponenten jeweils unterschiedliche Perspektiven der Einstellung darstellen, welche sich nicht etwa aus der Einstellung eines übergeordnetes Konstrukt ergeben, sondern gleichermaßen und in enger Verbindung dieselbe Größe modellieren und som. nicht unabhängig voneinander agieren.[33] Orth beschreibt die Einstellungs-Verhaltens-Hypothese (E-V-Hypothese), als Ausgangspunkt für die Frage nach dem Zusammenhang zwischen Einstellungen und Verhalten. In ihrem Kern besagt diese These, dass Einstellungen das Verhalten bestimmen. Aus dieser Annahme wird die Regel abgeleitet, dass die Stärke einer positiven Einstellung einen direkten Einfluss auf die Kaufwahrscheinlichkeit ausübt. Gemeint ist damit, dass sich die Kaufwahrscheinlichkeit gegenüber einem Produkt mit zunehmenden positiven Einstellungen seitens des Konsumentens gegenüber dem Produkt erhöht.[34] Neuere Befunde deuten jedoch darauf hin, dass die E-V- Hypothese nicht immer gilt. Mitunter ist dies der Fall, wenn der Kauf eines Produktes einer Marke die Einstellung beeinflusst oder verändert, welche direkte Auswirkungen auf den Konsumenten Lebenszyklus beinhält. Kuß und Tomczak verweisen diesbezüglich auf tiefgreifende Ereignisse, wie etwa der Eintritt ins Berufsleben, die Geburt eines Kindes, Heirat und Todesfälle. Damit wird also

---

[31] Vgl. Trommsdorff, Teichert (2011), S. 130-131
[32] Vgl. Hoffmann, S. Akbar, P. (2019), S.91; Raab, G. Unger, A. Unger, F. (2018), S.71; Fischer, P. Jander, K. Krueger, J. (2018), 6. Kap. 3.2. Abs.
[33] Vgl. Trommsdorff, V. (2002), S. 154-155; ebd. (2018), 6. Kap. 3.2. Abs.
[34] Vgl. Orth, H. (2016), 2. Kap. 2.4. Abs.

festgehalten, dass sich Verhaltensformen und Einstellungen wechselseitig beeinflussen.[35] Für die Determination ob und welche Zusammenhänge zwischen Einstellungen und Verhalten besteht, kann durch die Evaluation verschiedener Faktoren bestimmt werden. Kroeber- Riel und Gröppel- Klein führen für eben jene Determination folgende Fragestellung an: Unter welchen situativen Bedingungen sagen welche Arten von Einstellungen welches Verhalten voraus?[36] Motiviert von Enttäuschenden Befunden betreffend den Zusammenhang zwischen Einstellungen und darauf bezogene Verhaltensweisen formulierte Ajzen (1985) die Theorie des geplanten Verhaltens. Sinn dieser ist die Vorhersagbarkeit von Verhalten auf der Grundlage bestimmter Einstellungen zu erleichtern. Ajzen führt in diesem Kontext des tatsächlich geplanten Verhaltens über welches eine Person reflektiert an, dass (planned behavior) am besten von einer konkreten Verhaltensabsicht vorhergesagt wird. Vereinfacht ausgedrückt, ist darunter die persönliche Motivation gemeint, das jeweilige Verhalten auszuführen. Som. tritt die Verhaltensabsicht bei der Evaluation, wie sehr eine Person dazu bereit ist, ein bestimmtes Verhalten zu zeigen resp. tatsächlich versucht dieses umzusetzen, an die Stelle eines Indikators. Je stärker die Motivation bzw. Intention des Rezipienten, desto wahrscheinlicher ist das Auftreten des entsprechenden Verhaltens so, Fichter und Jander et al. [37]

3. Praktischer Teil

3.1 Praxisnahe Möglichkeiten zur Messung von direkten und indirekten Einstellungen

Vor dem Hintergrund der Messung des Konstrukts Einstellungen, vollzieht sich eine grundlegende Differenzierung in die Kategorien direkt und indirekt messbar. Direkte Maße, werden von der Person direkt abgerufen und berichten diese auch. Nicht selten werden für solche Erhebungen standardisierte Skalen herangezogen, bsph. Likert Skales. Direkt bedeutet, dass die Personen ihre Einstellungen bewusst abrufen, um diese zu berichten. Der Vorteil von direkten Maßen ist, dass diese sehr einfach und schnell anzuwenden sind und sich gut dazu eignen, um reflektierte Meinungen oder Einstellungen zu erfassen. Nachteile ergeben sich durch Verfälschungsvariablen (Messfehler), wie etwa der Sozialen Erwünschtheit einer Antwort und anderer Motive

[35] Vgl. Fuß, A. Tomczak, A. (2007), S. 49-50
[36] Kroeber-Riel, W. Gröppel-Klein, A. (2013), S. 247
[37] Fischer, P. Jander, K. et al. (2018), 6. Kap. 2.1. Abs.

bsph. (Aufrechterhaltung eines positiven Selbstbildes) und dadurch das Messergebnis verzerren. Ebenfalls erwähnenswert ist es, dass direkte Einstellungen ein benötigtes Maß an Introspektion voraussetzen- da sich die meisten Menschen einem Großteil ihrer Einstellungen jedoch nicht unbedingt bewusst sind, tritt auch hier ein Problem auf.[38] Bei der Messung von Indirekten Maßen das Einstellungskonstrukt betreffend, wird eine Person nicht direkt zu ihren Einstellungen befragt. Stattdessen erfragt der Forschende eine Reaktion, von welcher anzunehmen ist, dass diese die Einstellung reflektiert. Die bekanntesten Methoden zur Erhebung indirekter Maße sind Reaktionszeitverfahren, physiologische Maße und Projektive Verfahren. Ein großer Vorteil in diesen Verfahren liegt darin, dass durch diese automatischen Reaktionen, sprich implizite Einstellungen erfasst werden können. Es ist darauf zu achten, dass der Rezipient keinen Zusammenhang zwischen der gezeigten Reaktion und der Einstellung resp. dem Verfahren, welches eine Einstellung misst, gewahr ist. Dies macht indirekte Maße weniger anfällig für Verzerrung durch die oben erwähnten Motive, ebenfalls wird keine Introspektion vorausgesetzt. Ein wesentlicher Nachteil von indirekten Maßen, ist die hohe Aufwendung mit welcher diese zum Teil erhoben werden, bsp. physiologische Verfahren- sie sind ebenfalls schwer zu validieren, was bedeutet, dass oft Unklarheit darüber herrscht ob die gemessene Reaktion auch tatsächlich eine Einstellung reflektiert.[39] Wie bereits angeführt stellt das Konstrukt „Einstellung" die am häufigsten zur Erklärung des Käuferverhaltens herangezogene Variable dar, so Kroeber- Riel und Gröppel- Klein.[40] Einstellungen entstehen nach ihnen durch Lernprozesse, welche sich durch die ebenfalls oben angeführten drei Konstruktionsdimensionen (affektiv, kognitiv und konativ) anhand von physiologischer Reaktionen bsph. (Hautwiderstandsänderung) aber auch durch die im Rahmen einer Befragung ausgewerteten Antworten, sowie beobachtbarem Verhalten bsph. (Kauf, Probierverhalten) erhoben werden, so Meffert. Um die Auswertung mittels Mathematisch-statistischer Analyseverfahren zu gewähren, sind die Indikatoren in direkte oder indirekte Skalenwerte zu klassifizieren.[41] Die populärsten Modelle innerhalb der Konsumentenforschung stellen das Einstellungsmodell von Fishbein (Einkomponentenmodell) und die Konzeption von Trommsdorff, welche auf Fishbein´s Modell aufbaut dar. Die Kernaussage von Fishbeins Modell beinhält die Annahme, dass es zwischen der Einstellung eines Individuums zu einem ausgewählten Objekt bsph.

---

[38] Vgl. Professoren- Wirtschafts- und Organisationsrecht- LMU München (2020), 10. Kap. 2. Abs.
[39] Vgl. ebd. (2020), 10. Kap. 2. Abs.
[40] Vgl. Kroeber-Riel, W. Gröppel-Klein, A. (2013), S. 232-233
[41] Vgl. Meffert, H. Burmann, C. Kirchgeorg, M. (2015), S. 119

einem Produkt, oder einer Organisation und der kognitiven bzw. affektiven Beurteilung des Produktes, durch den Nachfrager ein funktionaler Zusammenhang besteht. Meffert führt aus, „Das kognitive Wissen von Produkteigenschaften, dass durch subjektive Wahrscheinlichkeiten erfasst wird (B_{ijk}), und die affektive Bewertung dieser Eigenschaften anhand von Notenskalen- (a_{ijk}), werden multiplikativ miteinander verknüpft und über die Anzahl der in beiden Dimensionen enthaltenen Merkmale summiert"[42]. Da das Modell von Fishbein ein kompensatorisches Modell darstellt (Nachteile einer zur Auswahl stehenden Alternative einzelner Eigenschaften, werden durch Vorteile anderer Eigenschaften kompensiert)[43], nimmt der sich hieraus ergebende Wert, einen der folgende Werte an: Positiv (positive Einstellung), sowie gleich null (Indifferenz), oder negativ (negative Einstellung). Die einzige Prämisse dabei ist, dass der Forschende lediglich wichtige Merkmale abfragt, so Meffert.[44] Das Modell von Trommsdorff postuliert, dass sich der Nachfrager an einem produktarttypisches Idealbild orientiert, zusätzlich ermittelt das Modell, anders als jenes von Fishbein ohne multiplikative Verknüpfung, die Distanz zwischen Real- und Idealeindruck von Objekteigenschaften, welche anschließend über alle Merkmale summiert werden. Das Resultat hieraus ist, dass je kleiner die Distanz zwischen Ideal- und Realeindruck ausfällt, desto positiver ist die Einstellung des Nachfragers gegenüber dem betrachteten Einstellungsobjekt.[45] Zu erwähnen ist, dass mit den angeführten Modellen lediglich explizite Einstellungen, also jene Informationen, welche von den Teilnehmern einer Testung mittels Selbstauskunft generiert werden erfasst, so Orth.[46] Da sich implizite Einstellung auf Nachfrage hin nicht verbalisieren lassen und sich diese ausschließlich im Verhalten wiederspiegeln, ist hier auf alternative Verfahrung zur Messung zurückzugreifen.[47] Hoffman und Akbar erwähnen, dass Methoden der impliziten Einstellungsmessung meist Assoziationsstärken analysieren, also wie starke ein Einstellungsobjekt mit werdenden Kategorien assoziiert ist. Das am häufigsten eingesetzten Verfahren stellt der implizite Assoziationstest (IAT).[48] Der 1. Abb. Sind die Formeln der eben Erörterten Messmodelle zu entnehmen.

---

[42] Meffert, H. et al. (2015), S. 120
[43] Vgl. Wirtschaftslexikon (2020), S. 1 1.Abs.
[44] Vgl. ebd. et al. (2015), S. 120 nach Cohen, J. B. Fishbein, M. Ahtola, O. T. (1972), S. 456-457
[45] Vgl. Meffert, H. Burmann, C. Kirchgeorg, M. Eisenbeiß, M. (2019), S. 110
[46] Vgl. Orth, H. (2016), 7. Kap. 1. Abs.
[47] Vgl. Meffert, H. et al. (2019), S. 110 nach Felser, G. (2015), S. 259- 260
[48] Vgl. Hoffmann, S. Akbar, P. (2019), S. 99

$$A_{ij} = \sum_{k=1}^{n} B_{ijk} \cdot a_{ijk} \qquad (1a)$$

$$E_{ij} = \sum_{k=1}^{w} \left| B_{ijk} - I_{ik} \right| \qquad (1b)$$

mit:

mit:

A_{ij} = Einstellung der Person i zu Objekt j (attitude)

B_{ijk} = Wahrscheinlichkeit dass nach Auffassung der Person i Objekt j ein Merkmal k besitzt (belief)

a_{ijk} = Bewertung des Merkmals k beim Objekt j durch Person i

N = Zahl der relevanten Merkmale

E_{ij} = Einstellung der Person i zu Objekt j

B_{ijk} = Realeindruck des k-ten Merkmals beim Objekt j durch Person i

I_{ik} = Idealbild das Person i vom k-ten Merkmal derartiger Objekte hat

$B_{ijk} - I_{ik}$ = Eindruckswert

W = Zahl der relevanten Merkmale

1. Abb. Formeln zur Messung von Einstellungen (1a) Modell von Fishbein, (1b) Modell von Trommsdorff Quelle: Meffert, H. et al. (2019), S. 109-110

3.2 Einstellungsänderungen durch das Elaboration Likelihood Model (ELM) von Petty und Cacioppo

Nach Fichter differenzieren sich die Zwei-Prozess-Modelle, welche anfangs der 1980er Jahre erstmals zur Erklärung der Werbewirkung aufkamen, vor allem dadurch von den vorher angewandten Stufenmodellen, dass diese anders als die Stufenmodelle bsph. AIDA-Modell, keinen stufenförmigen Verlauf der Werbewirkung postulieren (Attention, Interest, Desire, Action), sondern dass Menschen Informationen (etwa eine Werbebotschaft), unterschiedlich tief verarbeiten und sich dies unterschiedlich auf deren Einstellung, etwa auf eine Marke oder ein Produkt auswirkt.[49] Da Einstellungen jedoch wie oben beschrieben als relativ überdauernd gelten, ist der Prozess, welcher mit der Veränderung einhergeht, som. als äußerst komplex zu bezeichnen. Innerhalb von Prozessmodellen der Einstellungsänderung, unterscheidet der Forschende idealtypisch in zwei Wege der Verarbeitung. Wichtig ist dies, da Im ELM die Einstellungsveränderung von der Tiefe, mit welcher der Rezipient eine Botschaft verarbeitet abhängt. Die Grundannahme des Modells bezieht sich darauf, dass sich die Tiefe der Verarbeitung nicht nur in Abhängigkeit der Personen, sondern auch durch die gegebene Situation variiert.[50] Vor diesem Hintergrund wird in zwei verschiedene Wege der Einstellungsveränderung Unterschieden, welche sich durch einen unterschiedlichen Grad der Elaboration resp. der Verarbeitungstiefe, charakterisieren lassen. Som. sind die beiden Wege als idealtypische Extrempunkte eines Kontinuums zu betrachten. Die 2. Abb. zeigt den Prozess der Einstellungsveränderung.

---

[49] Vgl. Fichter, C. (2918), S. 104
[50] Vgl. Hoffmann, S. Akbar, P. (2019), S.94-95

2. Abb. Elaboration- Likelihood Modell Quelle: Hoffmann, S. Akbar, P. (2019), S. 96 in Anlehnung an Petty, R. E. Cacioppo, J. T. (1986)

Bezogen auf die oben angeführten unterschiedlichen Verarbeitungswege, ist die zentrale Route (central route to persuasion) jene, bei welcher der Rezipient eine Botschaft sehr tief verarbeitet, womit- wenn eine Einstellungsänderung einmal erreicht, als sehr stabil gilt. Da sich der Rezipient intensiv und sorgfältig mit der Botschaft auseinandersetzt, wirkt diese nur dann überzeugend und führt zu einer Einstellungsänderung, wenn sie auf starken Argumenten beruht. Als bsp. im Rahmen einer Werbeanzeige für Elektroautos beziehen sich Hoffmann und Akbar auf einen Konsumenten, welcher die dargebotenen Informationen auf der zentralen Route verarbeitet. In diesem Kontext wird eine Einstellungsänderung hin zu einer positiveren Einstellung nur ermöglicht, wenn die Botschaft auf starken Argumenten beruht und in einem dem Rezipienten sinnvollen Kontext erscheint, welcher diesen unter der oben genannten Prämisse der (Motivation), sprich des Involvements und seinen Fähigkeiten zur Verarbeitung der indizierten Informationen entspricht. Im Falle des E- Autos muss dem Rezipienten die Vorzüge, welches ein Elektroauto hat, som. überzeugend dargelegt und ein Reiz gesetzt werden, um diesen emotional zu aktivieren und überhaupt zur Informationsverarbeitung zu motivieren, in diesem Fall kann ein solcher Reiz, z.b. das Wissen um die kommenden Sanktionierung von herkömmlichen Verbrennungsmotoren darstellen.[51] Beim Weg der peripheren Route (peripheral route to persuasion), verarbeitet der Rezipient die Informationen gem. i. die Botschaft, hingegen weniger tief. Inhalte treten hinter die peripheren Cues gem. s. (Hinweisreize), welche nicht im direkten Zusammenhang zur Botschaft stehen. Da hier auch emotionale Aspekte wirken kommen bei

---

[51] Vgl. ebd. (2019), S. 96

Werbemaßnahmen, die auf der peripheren Route überzeugen sollen, häufig Humor, Music und Erotik zum Einsatz. Bekannte bsp. diesbezüglich können mitunter attraktive Frauen auf einem Plakat, oder aber eine schöne Gestaltung der Farblichen Komponente einer Werbekampagne, genauso wie lustige Motive inkludieren. Bei der Verarbeitung von Informationen über die Aufnahme von Peripheren Hinweisreizen und ohne hohes Involvement, ist die Chance das Einstellungsverhalten der Rezipienten zu verändern als gering zu betrachten. Dies begründet sich dadurch, dass durch eine periphere Verarbeitung keine tiefere Elaboration möglich ist. Einstellungsänderungen, welche auf diesem Weg ausgelöst werden, sind kurzfristig und leicht beeinflussbar, dies resultiert in der Konsequenz, dass Verhaltensprognosen auf dieser Basis kaum Nutzbare Erkenntnisse liefern resp. Kaum möglich sind so Meier.[52]

3.3 Motivationale Prinzipien zur Einstellungsänderung durch Reaktanz und Die Theorie der Kognitiven Dissonanz

Wie oben bereits angeführt wird die Suche, Aufnahme und Beurteilung von Informationen seitens des Rezipienten, durch eine Reihe psychologischer Mechanismen gesteuert resp. beeinflusst. In diesem Zusammenhang leisten die Dissonanz Theorie, die Kontrasttheorie und die assimilations-Kontrasttheorie einen bedeutsamen Erklärungsbeitrag- denn sie befassen sich in ihrem Kern damit, wie Konsumenten mit übereinstimmenden bzw. widersprüchlichen Informationen umgehen, so Homburg.[53] Die Reaktanztheorie nach Brehm und Brehm 1981 besagt, dass Menschen ein Verlangen besitzen, ihr Schicksal selbst zu bestimmen (Kontrollmotiv), nehmen diese wahr, dass ihre vorhandene Freiheiten eingeschränkt werden, reagieren sie u.a. mit Widerstand. Die direkte Wiederherstellung einer bedrohten Freiheit, ist jedoch nur eine von mehreren möglichen Formen der Reaktanz, so kann sich diese auch in der Änderung von Einstellungen zeigen. Die Einstellung gegenüber Produkten kann sich som. verbessern, wenn deren Verfügbarkeit eine unerwartete Einschränkung findet. Bsp. der Klopapier-run Anfang März 2020 im Kontext der Corona Krise. Um eine zielgerichtete Beeinflussung zu garantieren, ist auf das Bedürfnis nach Freiheit und Kontrolle der Rezipienten zu achten. Werbetreibende sind in der Lage dieses Bedürfnis zu nutzen, um die subjektive Attraktivität einer Ware zu erhöhen.[54] Ein weiteres Motivationales Prinzip,

---

[52] Vgl. Meier, C. (2016), 1. Kap. 9. Abs.
[53] Vgl. Homburg, C. (2020), S. 65
[54] Raab, G. Unger, A. Unger, F. (2018), S.75; Teichert, T. Trommsdorff, V. (2011), S. 263

welches bei Beeinflussungsversuchen beachtet wird, ist das menschliche Bedürfnis nach einer widerspruchsfreien (konsonanten) Wahrnehmung der Wirklichkeit def. nach Jaspers.[55] Dissonanz tritt nach Kessler und Fritsche dann ein, wenn sich Menschen Widersprüche zwischen selbstbezogenen Kognitionen bewusstwerden und eben diese Wiedersprüche einen aversiven Erregungszustand auslösen, dieser kann sich in unangenehmen Spannungszuständen äußern, wenn das eigene Verhalten nicht mit den Überzeugungen im Einklang steht.[56] Maier und Kirchgeorg definieren Kognitionen als Erkenntnisse des Individuums über die Realität und betonen, dass Einzelne Kognitionen in Beziehung zueinander stehen. Kognitive Dissonanz entsteht nach ihnen, wenn sich zwei bei einer Person zu gleich bestehenden Kognitionen, wiedersprechen oder ausschließen. Um den oben angeführten Spannungszustand aufzuheben, sucht sich der Betroffene eine Umgebung, in welcher sich die Dissonanz verringert resp. mittels selektiver Informationsaufnahme aufhebt.[57] Durch die Versuche, mit welchen das auflösen des dissonanten Erlebens einhergehen, kann menschliches Verhalten, die Forscher erwähnen bsph. die Änderung von Einstellungen (Rauchen ist gar nicht so schädlich) erklärt werden.[58] Zu beheben ist der Zustand durch eine Veränderung des Verhaltens oder auch mittels kognitiver Umstrukturierung.[59] Maier und Kirchgeorg erörtern drei Wege, welche zur Dissonanzreduktion führen: Erstens erwähnen sie die Vermeidung von Kognitiver Dissonanz durch Nichtwahrnehmung oder Leugnung von Informationen. Eine zweite Möglichkeit ist die Veränderung von Einstellungen resp. Verhalten, bezogen auf das oben angeführtes bsp. des Rauchens kann der Rezipient som. das Rauchen aufgeben, oder aber die Glaubwürdigkeit der medizinischen Forschungsergebnisse anzweifeln. Ein Dritter Weg ist die selektive Beschaffung und Interpretation von Dissonanz reduzierenden Informationen, bsp. Helmut Schmidt wurde 96 Jahre alt. r.i.p.[60] Auch im Marketingkontext ist die Theorie nützlich, so halten Maier und Kirchgeorg fest, dass kognitive Dissonanz, sowohl vor als auch nach Kaufentscheidungen auftreten kann. Vor allem tritt der Zustand ein, wenn die betrachteten Alternativen sowohl Vor- als auch Nachteile beinhalten was zu einem kognitiven Konflikt der Entscheider führt, wodurch es in Bezugnahme auf den Kaufprozess entweder zur Verzögerung, oder aber zu einem Nichtkauf kommen kann.

---

[55] Vgl. Kessler, T. Fritsche, I. (2018), 8. Kapitel. 4.2. Abs.; Jaspers, K. (2020), S.1 1. Abs.
[56] Vgl. Frey, D. (2019), 26. Kap. 3.2.5. Abs.
[57] Vgl. Maier, G. W. Kirchgeorg, M. (2018), S. 1. 1. Abs.
[58] Vgl. ebd. (2018), 5. Kap. 3.2. Abs.
[59] Vgl. Frey, D. (2019), 26. Kap. 3.2.5. Abs.
[60] Vgl. Maier, G. W. Kirchgeorg, M. (2018), S. 1. 3. Abs.

Das Ziel des Marketings sehen sie deshalb in der Reduzierung und Verhinderung der Kognitiven Dissonanz. Gelingen kann dies durch die gezielte subjektive Verminderung der Bedeutung einer Entscheidung, oder der Nachkauf- Werbung auf Gebrauchsanweisungen.[61] Bsp. Aussagekräftiger Slogan für eine aussagekräftige Anti-Raucher Kampagne. „Es gibt wenige Raucher, die über neunzig sind, aber statistisch hätten sie hundert werden können".[62]

4. Diskussionsteil

4.1 Potentiale und Restriktionen im Adaptiven Kontext der Erkenntnisse des theoretischen-Teils zur Konstruktionsplanung einer auf Techniken der Pr, basierenden Werbekampagne

Den Erkenntnissen oben folgernd, dass sich die Informationsaufnahme bezogen auf das Involvement in die Kategorien Low- und High-Involvement differenzieren lassen und der Weg zur Instrumentalisierung der Gedanken gem.i. Einstellung sich som. am besten unter dem zentralen Weg vollzieht, welcher derjenige ist mit der Aussicht langfristige Veränderungen zu bewirken.[63] Der Periphere Weg ist meistens nur gut genug, um habituelle-Käufe (Käufe ohne Besinnung, auf Alternativen, welche auf Reflexbasis angesiedelt sind) zu veranlassen, wobei auch hier operative Konditionierung (O.K.) zum Einsatz kommt. Die Verführung ist ausschlaggebend und wie diese präsentiert wird.[64] Es geht um Involvement. Wie stark sind die Emotionen, welche mit einer Aktivierung wahrscheinlich hervorgerufen werden. Gemeint sind Low- und high Involvement Produkte im weitesten Sinn. Wichtig ist, dass die Informationen einen gewissen Teil des Bewusstseins besetzen, also ist die Art der Gedanken im Verhältnis zu der allgemeinen Grundstimmung, ist um eine gute Werbekampagne zu gewährleisten sehr wichtig. Zielsetzungen, welche in diesem Rahmen ermöglicht werden, sind in die Kategorien Strategisch und operative-Werbeziele (S.W.Z.) einzuteilen.[65] Die Perspektiven der S.W.Z betrachten Dimensionen wie die Erzielung und nachhaltige Festigung von Kundenzufriedenheit, oder Kundenbindung durch die Werbemaßnahmen bewerkstelligt. Jedoch benötigt es hierfür eine Planerische operativen Komponente, welche im Weg der

---

[61] Ebd. (2018), S. 1. 3. Abs.
[62] Veit, E. B. (2020)
[63] Vgl. Meier, C. (2016), 1. Kap. 9. Abs.
[64] Vgl. Wolf, A. (2018), S. 1. 1-2 Abs.
[65] Vgl. Kloss, I. (2007), S. 192

Zielsetzung exakte quantifizierbare Testgrößen aufweist. Die Ziele der Operativen Komponente sind mitunter folgende:[66] 1. Angabe der Zielart Wie erreiche ich ein gewähltes ziel? 2. Angabe des angestrebten Ausmaßes einer Zielart, eine realistische Einschätzung der Frage, wie viel bei der angestrebten Zielart erreicht werden soll. 3. Die Erfassung eines realistischen Zeitbezugs hinsichtlich des Datums zu, Planungsbeginn und- Ende der Umsetzung und der Angabe des Objektbezugs der angestrebten Zielerreichung in Verbindung mit welchen Produkten des weitesten Sinns soll die Marke, Produktvariante, Einkaufsstelle assoziiert werden? 5. Zu Letzt steht die Angabe der Zielgruppe, also den zu erreichenden Rezipienten und die Frage nach der Determination der Zielgruppe. Ebenfalls lernten wir die Instrumente der Kommunikationspolitik resp. Kommunikationsarbeit genauer kennen. Wir erinnern uns an die angewandten Instrumente zur Konsumenten Beeinflussung:[67]

1. Klassische Werbung

2. Verkaufsförderung oder Sales Promotion (Unterstützt die Schlagkraft der Absatzorgane der Marketingtätigkeit der Absatzermittler sowie die Verwender bei der Beschaffung und der Benutzung der Produkte.

3. Public Relations (P.R.) oder Öffentlichkeitsarbeit.

4. Direkt-Kommunikation (Multiplikatoren).

5. Sponsoring (systematische Förderung im weitesten Sinne).

6. Event Marketing (gemeint ist die elaborierte Inszenierung von firmen- oder Produktbezogenen Ereignissen), sowie deren Planung, Organisation und Kontrolle.

7. Messen und Ausstellungen (Veranstaltungen mit Marktcharakter, auch welchen dem Messebesucher ein konzentriertes Angebot aus aus einer oder mehrer Branchen in mehr oder regelmäßigen Abständen.

8. Multimedia-Kommunikation (Es geht um den Einsatz von verschiedenen elektronischen Medien, die mit einander verknüpft werden. Die Medien müssen rechengesteuert und integriert eingesetzt werden, sowie die Möglichkeit einer interaktiven Benutzung zu garantieren.

---

[66] Vgl. Meier, C. (2017), 1. Kap. 3. Abs.
[67] Vgl. Meier, C. (2017), 1. Kap. 3. Abs. nach Rogge, J. (1996), S. 13-15; Meffert, H. (2000), S. 664; Jefkins, F. Yadin, D. (1998), S. 1-2; Kirchner, G, Sobeck, S. (1989), S. 142-144; Bruhn, M. (2010), S. 236-237; Auer, M. Diedrichs, F. A. (1993), S. 201-203; Steinmetz, R. (1993), S. 9-11.

4.2 Werbeerfolgsmessung und Werbeerfolgskontrolle einer gelungenen Kampagne

Werbeerfolg hat keine Idealgröße, dies bedeutet, dass es bei seiner Entstehung keine einheitliche Betrachtungsweise oder Begriffe gibt, mit welchen dieser final zu definieren ist. Jedoch existieren allgemeine gültige Regeln zur Erwirtschaftung materieller Ergebnisse, welche anhand der angewandten Werbeanstrengungen betreffen, zu generieren sind und som. einen Bezug, hin in einen stark betriebswirtschaftlichen Kontext eröffnen. Der Werbeerfolg beinhält die Begrifflichkeiten Werbeeffizienz und Werbeeffektivität. Die Werbeeffizienz steht in Korrespondenz mit dem Werbeerfolg. die Werbeeffektivität Ist eher der Wirksamkeit einer Werbemaßnahme, som. der Werbewirkung zuzuschreiben. Der Werbeerfolg wird weiterhin in einer numerischen Betrachtung von ökonomisch ethisch-und ökologischen, sowie außerökonomischen, sprich der psychologischen Erfolgsgrößen operationalisiert. Som. wird die quantitative-also über eine qualitative Erfolgsgröße erweitert.[68] Im Qualitativen Spektrum kann die Werbewirkung als kommunikative Leistungsfähigkeit einer Werbemaßnahme vor (Pretests) als auch nach (Posttests) im Rahmen ihrer Markteinführung eruiert werden. Hierbei bezieht die psychografische Werbeerfolgskontrolle die Teilwirkungen der Wahrnehmung, Verarbeitung und des sich daran anschließenden Verhaltens mit ein. Eine Operationalisierung geschieht durch folgende Aspekte: Bekanntheit von Produkten, Marken oder der Werbung. Der Einstellungs- und Imagemessung. Der Werbewiedererkennung und richtigen Zuordnung. der Kaufbereitschaft und des inhaltlichen Verständnisses einer Werbung. Des Verständnisses des Werbemittels, der Markensympathie und dem gefallen welchen ein Konsument an der Werbung findet.[69]

4.3 Integration der Praktischen Erkenntnisse zur nachhaltigen Einstelllungsveränderung im Kontext zur Erstellung einer auf Kommunikationsarbeit fundierten Werbekampagne.

Da das Konstrukt der Einstellung das am häufigsten adaptierten Konstrukt zur Erklärung und Messung des Konsumentenverhaltens darstellt, so Kroeber- Riel und Gröppel Klein und dieses- einen Lernprozess darstellt, welcher anhand von den drei Komponenten von Fishbeins Modell (kognitiv, affektiv und konativ) operationalisiert werden kann. Ist davon auszugehen, dass es zwischen der Einstellung eines Konsumenten und einem

---

[68] Vgl. Meier, C. (2017), 1. Kap. 4.
[69] Vgl. ebd. (2017), 2. Kap. 2.1. Abs.

ausgewählten Objekt, Produkt im weitesten Sinne der oben genannten Komponenten, ein funktionaler Zusammenhang besteht.[70] Die Operationalisierung von welcher Meffert spricht, in positive, null und negative Einstellungen ist bei der Planung einer Werbekampagne eine ebenfalls nicht zu vernachlässigende Erkenntnis, da sich so eine drei Gliederung der Hedonie vollzieht.[71] Die Adaption von Trommsdorff gibt dem Forschenden darüber hinaus, die Möglichkeit zwischen dem Real- und Idealeindruck von Objekteigenschaften zu differenzieren, was zusätzliche Erkenntnisse auf die Einstellung des Nachfragers gegenüber dem Einstellungsobjekt ermöglicht.[72] Die Erkenntnisse des Elaboration-Likelihood-modells nach Fichter, liefern im Rahmen einer Werbekampagne Erkenntnisse, um die psychologischen Mechanismen zur der Werbewirkung und der spezifischen Informationsverarbeitung des Konsumenten zu verstehen. Wesentlich an dieser Stelle ist es auf die zwei Wege der Verarbeitung und die bestimmenden Faktoren bezogen auf die tiefe der Verarbeitung, in Abhängigkeit der Person und der Situation zu erwähnen, da diese unterschiedlich auf deren Einstellung einwirken.[73] Da eine Werbekampagne zu meist aus mehr als einem Medium besteht, ist darauf zu verweisen, dass beide Wege ihre Legitimation haben, jedoch nur der Zentrale weg eine nachhaltige Einstellungsänderung ermöglicht, dennoch ist auch der periphere nicht sachliche Weg über Emotionalisierung nicht zu vernachlässigen, da es eben dieser dem Forschenden ermöglicht gezielt Hinweisreize zur Wahrnehmungslenkung zu setzen, was den Konsumenten nicht selten zur kognitiven Tätigkeit gem.i. eine Auseinandersetzung mit einem Produkt im weitesten Sinne veranlasst.[74] Dem Erkenntnis der Reaktanztheorie, welches besagt, dass Menschen ein Verlangen besitzen, ihr Schicksal selbst bestimmen zu wollen (Kontrollmotiv) und Einschränkungen diesbezüglich meist mit wiederstand der Konsumenten und deren Einstellungen verbunden ist, kann diese Erkenntnis genutzt werden um den subjektiven Wert eines Produktes im weitesten Sinne zu steigern oder zu senken. Der alleinige Hinweis darauf, dass etwas in begrenzter oder strikt limitierter Auflage vorhanden ist, löst bei dem Konsumenten ein begehren aus, natürlich nur dann, wenn dieser keinen Angriff auf seine persönliche Freiheit assoziiert.[75] Ein weiteres Motivationales Prinzip, welches bei Beeinflussungsversuchen im Rahmen von

---

[70] Vgl. Kroeber-Riel, W. Gröppel-Klein, A. (2013), S. 232-233; Meffert, H. Burmann, C. Kirchgeorg, M. (2015), S. 119
[71] Vgl. Meffert. et al. (2015), S. 120 nach Cohen, J. B. Fishbein, M. Ahtola, O. T. (1972), S. 456-457
[72] Vgl. Meffert, H. et al. (2019), S. 110
[73] Vgl. Fichter, C. (2918), S. 104; Hoffmann, S. Akbar, P. (2019), S.94-95
[74] Vgl. ebd. (2019), S.94-95
[75] Vgl. Raab, G. Unger, A. Unger, F. (2018), S. 75

Werbekampagnen beachtet wird, ist das menschliche Bedürfnis nach einer widerspruchsfreien (konsonanten) Wahrnehmung der Wirklichkeit. Das Eintreten der Dissonanz resultieren darin, dass Wiedersprüche einen aversiven Erregungszustand auslösen, die sich hieraus ergebenden Spannungszustände lößen beim Konsumenten ein Handlungsbedürfnis aus, welches ihn zu einer Handlung motiviert.[76]

Reflexion

Freilich kam es im Rahmen der Ausarbeitungen zu einigen Erkenntnissen, diese betreffen nicht nur die Klassifikation von Einstellungen, sowie die Möglichkeiten direkte und indirekte Einstellungen zu Messen und deren verschiedene Verarbeitungswege→ Zentrale resp. Periphere Route Veränderung eben besagter maßgeblich zu verändern. Da Dieses ohne den Nachweis der Veränderung jedoch keine praktische Relevanz aufweisen, wurden som. Auch Möglichkeiten der Operationalisierung von Messsystemen angeführt, welche der gängigen Praxis Entsprechen, bzw. quantitative und psychologische Messkriterien zur Ermittlung des Werbeerfolges aufgezeigt. Sehr interessant war dies mitunter deshalb, da mir bei der Bearbeitung eine Persönliche Erkenntnis nach der anderen kam, es ist wirklich sehr spannend darüber zu reflektieren, wie besagte Mechanismen auch bei einem selbst greifen. Vor allem aber brachte es mich auf die Bewusstseinsstufe, mir darüber klar zu werden, wie tiefgreifend diese Mechanismen tatsächlich wirken, diese sind Systemrelevant. Oben erwähnte ich das Bsp. der Kontrolle, welches ich nicht revidieren kann Als problematisch erachte ich die komplette Verlagerung des „sozioökonomischen-Narratives" in eine rein materielle Weltanschauung in Folge der Ökomomisierungstendenzen in all unseren Lebensbereiche. Die Auslagerung des Selbstkonzeptes und der Verlust der Selbstkontrolle resp. Selbst Regulierung sehr vieler, gibt mir sehr zu denken. Ich befürchte, dass sich die Realitätsblasen (Filter-bubbeln) in welchen wir uns befinden, weiterhin voneinander trennen, was den regen Austausch von Menschen zu Menschen bald durch die Kommunikation mit A.i.´s ablöst, welche dann unter dem Deckmantel des Positivismus eine einzige Maxime befolgen → Gewinnmaximierung nach f(x) → von uns adaptiert. Das hat dann auch nichts mehr mit Selbstoptimierung zu tun, da sich die Menschheit hiermit selbst in die Sklaverei schickt. Die Tendenzen sind eindeutig! Ein relativ schlauer

---

[76] Vgl. Frey, D. (2019), 26. Kap. 3.2.5. Abs.

Mann pflegte einst zu sagen: „Man kann Probleme nicht mit Methoden lösen, die sie geschaffen haben".[77]

---

[77] Vgl. Einstein, A. (2020), S.1. 1.Abs.

Literaturverzeichnis

Auer, M. Diedrichs, F. A. (1993), Werbung below the line: Product placement, TV-Sponsoring, licensing… (Hrsg.) Moderne Industrie. ISBN 978-3478236300

Bagozzi, R. P. Burnkrant, R. E. (1979): Attitude Organization and the Attitude-Behavior Relationship, enthalten in: Journal of Personality and Social Psychology, Jg. 37, Nr. 6, S. 913–929. https://psycnet.apa.org/doi/10.1037/0022-3514.37.6.913 abgerufen am 2.10.2020

Bruhn, M. (2010), Marketing: Grundlagen für Studium und Praxis. 10. Aufl. (Hrsg.) Gabler Verlag. ISBN 978-3834923318

Cohen, J. B. Fishbein, M. Ahtola, O. T. (1972), The nature and uses of expectancy-value model in consumer attitude research enthalten in Journal of Marketing Research S. 456-457. https://doi.org/10.1177%2F002224377200900420. Abgerufen am 5.10.2020

Dechêne, C. F. (2006), Abwechslungsbedürfnis und Werbewirkung- Theoretische Überlegung und experimentelle Prüfung (Hrsg.) GWV Fachverlage GmbH, Wiesbaden. ISBN 978-3-8350-0593-8

Eagly, A. H. Chaiken, S. (1993), Psychology of Atitudes. New Edition. (Hrsg.) Cengage Learning. ISBN 978-0155000971

Einstein, A. (2020), Zitat- (Hrsg.) Gute Zitate. https://gutezitate.com/zitat/196970 abgerufen am 6.11.2020

Felser, G. (2015), Werbe- und Konsumentenpsychologie. 4. Aufl. Springer-Verlag Berlin, Heidelberg. ISBN 978-3-642-37644-3

Fichter, C. (1028), Wirtschaftspsychologie für Bachelor- mit 23 Abbildungen und 24 Tabellen. (Hrsg.) Springer- Verlag Gmbh. ISBN 978-3-662-54943-8

Fischer, P. Jander, K. Krueger, J. (2018), Sozialpsychologie für Bachelor 2. Aufl. (Hrsg.) Springer- Verlag. ISBN 978-3-662-56738-8

Frey, D. (2019), Psychologie des Guten und Bösen- Licht und Schattenfiguren der Menschheitsgeschichte- Biografien wissenschaftlich beleuchtet (Hrsg.) Springer- Verlag. ISBN 978-3-662-58-741-6

Hardt, M., & Negri, A. (2004), Multitude. Krieg und Demokratie im Empire. (Hrsg.) Campus Verlag, Frankfurt, New York. ISBN 978-3593374109

Heller, D. (2020), Was ist PR (Public Relations) und warum ist es so wichtig ? Experten Interview (Hrsg.) Trusted Shops. https://business.trustedshops.de/blog/was-ist-pr-public-relations/ abgerufen am 8.10.2020

Hoffmann, S. Akbar, P. (2019), Konsumentenverhalten. Konsumenten verstehen- Marketingmaßnahmen gestalten. 2. Aufl. (Hrsg.) Springer Fachmedien, Wiesbaden. ISBN 978-3-658-23566-6

Homburg, C. (2020), Marketingmanagement. Strategie- Instrumente- Umsetzung-Unternehmensführung 7. Aufl. (Hrsg.) Springer Fachmedien, Wiesbaden. ISBN 978-3-658-29635-3
Jefkins, F. Yadin, D. (1998) Public Relations. 5, Aufl. (Hrsg.) Financial Times Prentice Hall. ISBN 978-0273634324

Jaspers, K. (2020), Lexikon der Psychologie- Wirklichkeit. (Hrsg.) Spektrum. https://www.spektrum.de/lexikon/psychologie/wirklichkeit/16874 abgerufen am 12.10.2020

Kessler, T. Fritsche, I. (2018), Sozialpsychologie (Hrsg.) Springer Fachmedien, Wiesbaden. ISBN 978-3-531-17126-5

Kirchner, G, Sobeck, S. (1989) Lexikon des Direktmarketings. (Hrsg.) Moderne Industrie. ISBN 3478261708

Kloss, I. (2007), Werbung- Handbuch für Studium und Praxis. 4. Aufl. (Hrsg.) Vahlen. ISBN 978-3-8006-3393-7

Kramer, R. (2017), Vergleichende Werbung für die Positionierung neuer Marken- Untersuchung der Werbewirkung mittels Strukturgleichungsanalyse. (Hrsg.) Springer Fachmedien, Wiesbaden. ISBN 978-3-658-16469-0

Kroeber-Riel, W. Gröppel-Klein, A. (2013), Konsumentenverhalten. 10. Aufl. (Hrsg.) Vahlen. ISBN 978-3800646180

Raab, G. Unger, A. Unger, F. (2016), Marktpsychologie- Grundlagen und Anwendung. 4. Aufl. (Hrsg.) Springer Fachmedien, Wiesbaden. ISBN978-3-658-02066-8

Rogge, J. (1996), Für den Gemeinen Nutzen – Politisches Handeln und Politikverständnis von Rat und Bürgerschaft in Augsburg im Spätmittelalter 6, Aufl. (Hrsg.) Studia Augustana. ISBN 978-3-484-16506-9

Marx, K. Engels, F. (1969), Die Deutsche Ideologie. 3. Aufl. (Hrsg.) Dietz- Verlag, DDR. http://www.mlwerke.de/me/me03/me03_017.htm#I_I abgerufen am 4.10.2020

Maier, G. W. Kirchgeorg, M. (2018), kognitive Dissonanz. (Hrsg.) Gabler Wirtschaftslexikon. https://wirtschaftslexikon.gabler.de/definition/kognitive-dissonanz-37371 abgerufen am 8.10.2020

Mayer, H. (1993), Wirkungen der Kommunikationspolitik (Hrsg.) Gabler- Verlag, Wiesbaden. ISBN 978-3-322-82540-7

Meffert, H. (2000), Marketing- Grundlagen marktorientierter Unternehmensführung. Konzepte Instrumente- Praxisbeispiele mit neuer Fallstudie VW Golf. (Hrsg.) Gabler Verlag. ISBN 978-3-322-93168-9

Meffert, H. Burmann, C. Kirchgeorg, M. (2015), Marketing- Grundlagen marktorientierter Unternehmensführung Konzepte- Instrumente- Praxisbeispiele. 12. Aufl. (Hrsg.) Springer Gabler, Wiesbaden. ISBN 978-658-02343-0

Meffert, H. Burmann, C. Kirchgeorg, M. Eisenbeiß, M. (2019), Marketing- Grundlagen marktorientierter Unternehmensführung. Konzepte- Instrumente- Praxisbeispiele. 13. Aufl. (Hrsg.) Springer Fachmedien, Wiesbaden. ISBN 978-3-658-21195-0

Meier, C. (2017), Werbepsychologie und Erfolgsmessung Titel – NR. 0791-03. 3. Aufl. (Hrsg.) SRH Fernhochschule The Mobile University, Riedlingen.

Müller- Hagedorn, L. Schuckel, M. (2003), Einführung in das Marketing. 3. Aufl. (Hrsg.) Schäffer- Poeschel. ISBN 978-3791019475

Orth, H. (2016), Konsumverhalten Titel -NR. 0585-03. 3. Aufl. (Hrsg.) SRH Fernhochschule The Mobile University, Riedlingen.

Onpulsen (2020), Produkt. (Hrsg.) Campus Verlag- Das Fachportal für Entscheider im Mittelstand. https://www.onpulson.de/lexikon/produkt/ abgerufen am 10.10.2020

Ostrom, T. M. (1969), The Relationship between the Affective, Behavioral, and Cognitive Components of Attitude. Enthalten in : Journal of Experimental Social Psychology, Jg. 5, Nr. 1, S. 12–30. https://psycnet.apa.org/doi/10.1016/0022-1031(69)90003-1 abgerufen am 2.10.2020

Petty, R. E. Cacioppo, J. T. (1986), The Elaboration Likelihood Model of Persuasion. https://www.researchgate.net/publication/270271600_The_Elaboration_Likelihood_Model_of_Persuasion abgerufen am 6.10.2020

Professoren- Wirtschafts- und Organisationspsychologie- LMU München (2020), Sozialpsychologie- Individuum und soziale Welt (Hrsg.) hogrefe. http://www3.hogrefe.de/buecher/lehrbuecher/psychlehrbuchplus/lehrbuecher/sozialpsychologie-individuum-und-soziale-welt/fragen-antworten/10-kapitel/ abgerufen am 6.10.2020

Raab, G. Unger, A. Unger, F. (2018), Methoden der Marketing- Forschung. Grundlagen und Praxisbeispiele. 3. Aufl. (Hrsg.) Springer Fachmedien, Wiesbaden. ISBN 978-3-658-144880-5

Radermacher F. J. (2010), Warum die Einkommensspreizung balanciert sein sollte (Hrsg.)

Schiffman, L. G. Kanuk, L. L. Wisenblit, J. (2010): Consumer behavior. 10. Aufl. (Hrsg.) Pearson Prentice Hall Boston, London. ISBN 9780137006700

Schlichthorst, M. (2006), Relevanz von Werbeeinstellungen zur Kontrolle langfristiger Werbewirkung im Fall etablierter Konsumgütermarken (Hrsg.) Wirtschafts. Und Sozialwissenschaftliche Fakultät der Christian-Albrechts-Universität zu Kiel, Inauguraldissertation. https://macau.uni-kiel.de/receive/diss_mods_00002002 abgerufen am 1.10.2020

Seeger, C. Kost, J. (2018), Influencer Marketing. 1. Aufl. UVK Verlag, München. ISBN 978-3825250768

Six, B. (2020), Lexikon der Psychologie- Einstellungen (Hrsg.) Spektrum.de. https://www.spektrum.de/lexikon/psychologie/einstellungen/3914 abgerufen am 5.10.2020

Steinmetz, R. (1993), Multimedia- Technologie- Einführung und Grundlagen. (Hrsg.) Springer- Verlag, Heidelberg. ISBN 978-3-642-97502-8

Teichert, T. Trommsdorff, V. (2011), Konsumentenverhalten. 8. Aufl. (Hrsg.) Kohlhammer. ISBN 978-3170218772

Trommsdorff, V. (2002), Konsumentenverhalten 4. Aufl. (Hrsg.) Kohlhammer, Stuttgart. ISBN 9783170170049

Trommsdorff, V. Teichert, T. (2011), Konsumentenverhalten. 8. Aufl. (Hrsg.) Kohlhammer. ISBN 9782170218772

Werner, G. (2008), Einkommen für alle. (Hrsg.) Bastei Lübbe Verlag. ISBN 978-3404606078

Wirtschaftslexikon (2020), Einstellungs-Verhaltens-Modell. (Hrsg.) Wirtschaftslexikon24.com. http://www.wirtschaftslexikon24.com/e/einstellungs-verhaltens-modell/einstellungs-verhaltens-modell.htm abgerufen am 2.10.2020

Wirtschaftslexikon (2020), Kaufentscheidungsheuristiken. (Hrsg.) Wirtschaftslexikon24.com. http://www.wirtschaftslexikon24.com/e/kaufentscheidungsheuristiken/kaufentscheidung sheuristiken.htm abgerufen am 16.10.2020

Zech, R. (2016), Kommunikation- Arbeit- Kommunikationsarbeit. Die Zerstörung gesellschaftlicher Verständigungsorientierung durch Kommunikationsarbeit. (Hrsg.) Springer Fachmedien Wiesbaden. DOI 10.1007/s11612-016-0301-2